20. Februar bis 20. März

Die Fische

Johann Mayrs Satierkreiszeichen

1. Auflage

Illustrationen und Texte: Johann Mayr
http://www.johannmayr.de
Redaktion: Christine Guggemos, Andrea Röder
Gestaltung: Barbara Siglreitmaier
Satz: FIBO Lichtsatz, Unterhaching
Lithographie: OPPORTUNITI, Peißenberg
Druck und Bindung: EuroGrafica, Marano
ISBN 3-7827-2909-9

Verlagsverzeichnis schickt gern:
A. Korsch Verlag GmbH & Co., Postfach 10 80, 82195 Gilching
http://www.korsch-verlag.de

Inhalt

Vorwort

Glauben Sie an Monatshoroskope dieser Art:
„Hüten Sie sich Anfang des Monats vor größeren Einkäufen, sie könnten zu stärkeren finanziellen Verlusten führen."
„Fahren Sie zwischen dem 20. Februar und dem 20. März nicht bei Rot über die Ampel, in dieser Zeit könnten Sie mit solchem Verhalten Unfälle provozieren."
„Ende des Monats sollten Sie wieder mal Ihre Socken waschen (lassen), dann steht einem größeren Geldsegen nichts im Wege."
Wenn ja, legen Sie bitte das Büchlein schnell wieder weg, ich glaube, es ist nichts für Sie!
Möchten Sie durch die Lektüre dieses Bändchens erfahren, wann Ihnen der Traumpartner, der Lottogewinn oder der Sprung auf der Karriereleiter winkt? Fehlanzeige – auch darüber werden Sie in diesem Büchlein nichts aber auch gar nichts finden. Für Sie gilt leider das Gleiche, bitte das Buch wieder ordentlich aufräumen! Danke, und viel Glück im weiteren Leben!
Sind Sie selbst Fisch oder steht Ihnen ein Fisch sehr nahe? Möchten Sie dem charakteristischen Wesenskern der Fische auf die Spur kommen? Nehmen Sie Astrologie ernst aber nicht tierisch? Die Sterne haben Sie zu dieser Lektüre geführt! Sie haben gefunden, was Sie schon lange suchten – fundiertes astrologisches Wissen und Schmunzelvergnügen im Doppelpack!

DER FISCH AHNT VIELES VORAUS

Typisch Fische

Der Fisch hat ein feines Gespür für die Stimmungen seiner Mitmenschen. Er ist sehr verständnisvoll, wenn es um die Bedürfnisse, Wünsche und Sorgen anderer geht und ist deshalb ein einfühlsamer und hoch geschätzter Freund und Begleiter für alle Lebenslagen. Der Fisch hat ein ausgeprägtes Harmoniebedürfnis. Er würde am liebsten jedem alles Recht machen und unternimmt oft übermenschliche Anstrengungen, Konflikten aller Art aus dem Weg zu gehen. Um offene Auseinandersetzungen zu vermeiden, gibt er sich großzügig und tolerant. Er wird niemals versuchen, andere Menschen einzuschränken oder gar zu verletzen. Wenn sich der Fisch zu einer Entscheidung durchgerungen hat, dann trifft er sie weniger aufgrund rationaler Erwägungen, sondern viel lieber aus dem Bauch heraus. Der Fisch hat geradezu übersinnliche Fähigkeiten, Intuition und einen todsicheren Instinkt. Er ist weder Kämpfer noch Revolutionär, er ist vielmehr ein Romantiker, der lieber seinen Wunschbildern folgt, als die Realität wahrzunehmen. Das ist aber durchaus kein Nachteil für ihn, denn der Fisch braucht Träume und Sehnsüchte, die ihn antreiben. Dann kann er, der sonst so weich und unentschlossen scheint, unglaublich ausdauernd und konsequent an der Erfüllung seines Traumes arbeiten. Dabei geht es ihm nicht darum, sich und seine Ideen in den Vordergrund zu spielen, er wirkt lieber beschei-

DER FISCH VERSUCHT, STREIT ZU VERMEIDEN UND HAT DAHER ÜBERDURCHSCHNITTLICHES VERSTÄNDNIS FÜR ANDERE den im Hintergrund und ist in den seltensten Fällen ein rücksichtsloser Karrierist, der sich mit Ellenbogen gegen seine Konkurrenten durchsetzt. Mit Instinkt, Intuition und dem nötigen Quäntchen Glück kommt er seinen Wünschen immer näher. Dabei ist ihm natürlich sein erstaunliches Geschick im Umgang mit anderen Menschen eine große Hilfe. Wird der Fisch von unsensiblen Menschen in seiner empfindsamen Seele gekränkt, zieht er sich zurück und wird undurchschaubar. Dann erweckt er den Eindruck, als wäre er unendlich weit entfernt, obwohl er sich im gleichen Raum aufhält. Manchmal legt er sich auch eine harte und zynisch-ironische Hülle zu, um seine Sensibilität zu verbergen. Dabei ist es gerade seine Empfindsamkeit, die den besonderen Wert des Fisches ausmacht. Seine Liebe zu den Menschen und seine Phantasie machen ihn zu einem beliebten und interessanten Gefährten, mit dem man gerne seine Zeit verbringt. Sein höchstes Ziel auf Erden ist allumfassende Verbundenheit, Friede und Harmonie, denn das große Fische-Herz schlägt für alle Menschen.

FISCHE SIND VIEL ZU GUTMÜTIG, UM ANDERE DURCH EINE EGOISTISCHE ENTSCHEIDUNG ZU VERLETZEN

Das macht den Fisch so liebenswert

Der Fisch ist das klare Gegenteil eines rücksichtslosen Egoisten. Er engagiert sich stets für seine Mitmenschen und geht auf ihre Nöte und Sorgen mit unendlicher Geduld ein. Mancher Fisch würde sein letztes Hemd hergeben, wenn er damit einem Freund oder einer Freundin aus der Patsche helfen kann. Feinfühligkeit und Selbstlosigkeit charakterisieren das Wesen des Fisches. Seine Sehnsucht nach Harmonie und sein treffsicheres Gespür für die emotionalen Bedürfnisse der anderen machen den Fisch zu einem liebenswerten Partner und Kollegen. Er hat stets ein offenes Ohr und Trost für die „Armen und Leidenden" in dieser Welt. Mit fast übernatürlichem Einfühlungsvermögen kann er sich in deren missliche Lage und ihre seelischen Kränkungen hineinversetzen, weiß er doch aus eigener Erfahrung, wie schmerzhaft solche Erlebnisse sein können. Mit seinen Träumen und seinem Optimismus kann der Fisch Großes erreichen, solange er sich der Unterstützung seiner Umwelt sicher ist. Ohne den Fisch wäre die Welt phantasielos und kalt, denn er ist intuitiv, liebenswürdig, menschenfreundlich, sensibel, empfindsam, hilfsbereit, emotional, romantisch, bescheiden, liebevoll, gefühlsbetont, einfühlsam, tolerant, phantasievoll, geduldig, geheimnisvoll, freundlich, sanft, warmherzig, verführerisch, uneigennützig, sozial, aufopfernd und sehr, sehr gutmütig.

FISCHE GELTEN ALS HILFSBEREIT UND SELBSTLOS

Daran könnte der Fisch noch arbeiten

Der Fisch ist zuvorkommend und liebenswürdig, doch tief in seiner Seele schlummert eine unterschwellige Angst vor der Einsamkeit. Aus dieser Angst heraus verhält er sich bisweilen ein wenig merkwürdig. Für „Nicht-Fische" ist es dann kaum nachvollziehbar, warum der Fisch überfälligen Entscheidungen konsequent aus dem Weg geht oder versucht, sich mit allen Mitteln der Verantwortung zu entziehen. Der Fisch hat ein angeborenes intuitives Verständnis für die Sorgen seiner Mitmenschen und dieses Einfühlungsvermögen ist für ihn nicht immer ein Segen. Mit seinem Mitgefühl und seinem Bedürfnis nach Einigkeit und Harmonie um jeden Preis steht er sich nicht selten selbst im Wege. Dabei sollte der Fisch sich besser seine eigenen Bedürfnisse und Wünsche bewusst machen und versuchen, diese auch in der Realität und nicht nur in seinen Träumen wahr werden zu lassen. Ein paar seltene, äußerst unsensible Menschen behaupten, der Fisch sei empfindlich, schüchtern, verschlossen, bemitleidenswert, haltlos, verführbar, passiv, realitätsfern, naiv, eigensinnig, labil, verantwortungslos, nachgiebig, wankelmütig, ungreifbar, unentschlossen, kontaktscheu, eigenbrötlerisch, introvertiert, versponnen, verletzlich, undurchsichtig und unaufrichtig. Solche unverschämten Äußerungen würde ein Fisch niemals von sich geben!

FISCHE ZEIGEN ERST SEHR SPÄT GRENZEN AUF

Wissenswertes über den Fisch-Mann

Für den Fisch-Mann ist es ein Leichtes, die Sympathien seiner Mitmenschen zu gewinnen. Er ist hilfsbereit und aufmerksam, er kann zuhören und auf Gefühle und Stimmungen intuitiv richtig reagieren. Er hilft, wo er kann, ohne Gegenleistungen zu erwarten und zeigt besonders im sozialen Bereich großen Einsatz. Der Fisch-Mann braucht zwar die gesellschaftliche Anerkennung, aber nicht die eines egoistischen und rücksichtslosen Kämpfers, sondern die des stillen aber wichtigen Helfers. Riskante Kletterpartien auf der Karriereleiter vermeidet er in der Regel. Er glaubt an das Glück und am liebsten würde er im Lotto gewinnen, damit er endlich Zeit für seine kreativen Hobbys hat. Gottlob ist er von Haus aus nicht besonders materialistisch eingestellt und kann sehr bescheiden leben – wenn es denn sein muss. Nichtsdestotrotz wundern sich viele Menschen darüber, dass Herr Fisch sein Leben sehr erfolgreich meistert, obwohl er doch so sanft und selbstlos ist. „Nicht-Fische" können ja den Versuch unternehmen, dieses Geheimnis zu ergründen. Ob es ihnen gelingt, ist allerdings zweifelhaft, denn der geheimnisvolle Fisch-Mann lässt sich nur ungern in die Karten schauen. Vielleicht liegt es ja an seinem siebten Sinn, der hartes Konkurrenzdenken und verbissenen Ehrgeiz überflüssig macht.

FISCHE TRÄUMEN IMMER VOM GROSSEN GLÜCK

Der Fisch-Mann und die Liebe

Der Fisch-Mann hat eine außergewöhnliche Wirkung auf Frauen. Kein Wunder, denn er hat etwas, was den rauen Machos für gewöhnlich abgeht: Verständnis! Dieser Mann kann seiner Herzdame stundenlang ohne ein Anzeichen von Ungeduld zuhören. Er ist ein außerordentlich liebenswürdiger, einfühlsamer und toleranter Partner, mit dem man im Glück nur so schwimmen kann. Freilich ist er nicht der tollkühne Angreifer, der die Frauenherzen im Sturm erobert. Selten macht der Fisch-Mann in der Liebe den ersten Schritt, denn dazu ist er zu schüchtern. Doch wenn er liebt, dann liebt er richtig, ohne Vorbehalte und mit jeder Faser seines Körpers und seiner Seele. Manchmal gerät er in Gefahr, oberflächliche Beziehungen einzugehen, da ihn die unerfüllte Liebe seiner Verehrerinnen einfach schmerzt. Dass solche Beziehungen keine rosige Zukunft haben, wird dem Fisch-Mann jedoch relativ schnell bewusst und er lässt die Finger davon. Wenn er eine stabile und resolute Partnerin gefunden hat, die seine Gefühlsschwankungen mit ruhiger Gelassenheit erträgt und ihm das Rückgrat stärkt, ist der Fisch-Mann glücklich. Tagsüber entführt er dann seine Partnerin in eine bunte, phantastische Welt voller Geheimnisse und Zauber, nachts wärmt er sich mit ihr an einem gemütlichen, knisternden Kaminfeuer. Wer könnte da schon widerstehen?!

FISCHE SIND AUF RESOLUTE PARTNER ANGEWIESEN

Wissenswertes über die Fisch-Frau

Die Fisch-Frau träumt von einer Welt, in der keiner dem anderen etwas zuleide tut und alle harmonisch miteinander verbunden sind. Für diese Harmonie leistet sie selbst einen erheblichen Beitrag, denn sie ist sehr hilfsbereit und sanftmütig und auch bereit, ihre Interessen hintanzustellen. Leider trifft sie im Laufe ihres Lebens immer wieder auf Menschen, die ihre Hilfsbereitschaft und ihre Toleranz schamlos ausnutzen. Es dauert lange, bis sich die Fisch-Frau gegen diese Blutsauger zur Wehr setzen kann, denn es fällt ihr schwer, Konflikte offen auszutragen und sie fühlt sich am wohlsten, wenn sie es jedem Recht machen kann. Obwohl manche Fisch-Dame sich unkompliziert und locker verhält, spürt man förmlich, dass sie ein sehr zartes Gefühls- und Nervenkostüm hat, auf das man in jedem Fall Rücksicht nehmen sollte. Geschickte Fisch-Damen benutzen die Rolle der kindlich-hilflosen Frau aber auch, um der Erfüllung ihrer Wunschträume etwas nachzuhelfen. Die Fisch-Frau wirkt geheimnisvoll und rätselhaft, so als wäre sie dieser Welt entrückt. In der Tat, ihre wahren Gefühle zeigt sie sehr selten und wenn, dann nur gegenüber einigen Auserwählten. Findet sie Freunde, denen sie vertrauen kann, haben diese für sie einen ganz besonderen Stellenwert.

FISCHE SIND SCHWER ZU FASSEN, SIE GEBEN SICH GEHEIMNISVOLL

Die Fisch-Frau und die Liebe

Die Fisch-Frau träumt gerne von einem Prinzen, der ihr in seinem verträumten Luftschloss ein romantisches Leben voller Liebe und Harmonie bieten kann. Sie weckt bei vielen Männern den Beschützerinstinkt, da sie sich in ihrer Gegenwart stark und männlich fühlen. Ihrem magischen Charme können nur wenige widerstehen. Doch dem männlichen Bewerber muss eines klar sein: Bis zur Eroberung liegt noch ein langer Weg vor ihm. Sie sucht einen starken Mann, an dessen Schulter sie sich anlehnen kann. Die besten Chancen haben zärtliche, einfühlsame und romantische Liebhaber, denn die Fisch-Frau träumt für ihr Leben gern. Am liebsten mag sie es, wenn sie mit Zärtlichkeiten überhäuft wird. Wenn ihre hohen Ansprüche erfüllt werden, zeigt sie sich von ihrer Schokoladenseite und ist verführerisch, erotisch und phantasievoll. Wenn nicht, wird sie ihrem Bewunderer ganz schnell davonschwimmen. Es ist nicht möglich, die vielen Windungen ihrer Gefühls- und Verstandeswelt zu durchdringen, sie wird immer eine rätselhafte und geheimnisvolle Note beibehalten. Die Fisch-Frau ist, selbst, wenn sie es nach außen nicht zeigt, hochsensibel und leidet manchmal unter Stimmungsschwankungen, die für ihren Partner unerklärlich sind. Wenn man sie aber auf ihrer rosaroten Wolke schweben lässt, ist sie die hingebungsvollste Partnerin, die man sich vorstellen kann.

FISCHE KANN MAN NICHT VERSTEHEN, NUR LIEBEN

Wer passt zum Fisch?

Fische und Widder

Der Fisch hält den stärksten Stürmen stand, auch den Wirbelwinden, die der Widder auslöst. Manchmal wird es ihm im Strudel leicht schwindlig, doch er genießt es. Der Fisch macht Umwege während der Widder übers Ziel hinausschießt, das führt meist dazu, dass sie es gleichzeitig erreichen.

Fische und Stier

Der Stier kann dem Fisch in puncto praktischer Lebensbewältigung so manchen guten Ratschlag geben. Beide lieben die Ruhe und Bequemlichkeit aber auch den Genuss im Leben. Der Stier erfährt vom Fisch viel über Romantik. Wenn der Stier den Fisch nicht niedertrampelt und der Fisch für den Stier fassbar wird, kann in dieser Beziehung nichts schief gehen.

Fische und Zwillinge

Der realistische Zwilling zeigt dem mystisch angehauchten Fisch, dass im Leben auch das Konkrete wichtig ist. Der Fisch verleiht dem Zwilling, der das seichte Gewässer gewohnt ist, etwas mehr Tiefgang. So kann aus dem Verstandesmenschen Zwilling doch noch ein gefühlsbetonter Zeitgenosse werden.

DER FISCH HAT EINE GEWISSE LEBENSANGST: IST ER GLÜCKLICH, FÜRCHTET ER, UNGLÜCKLICH ZU WERDEN

Fische und Krebs

Beide können hervorragend miteinander träumen. Sie geben sich das Gefühl, etwas ganz Besonderes zu sein. Der Fisch hat Verständnis für die Launen des Krebses, der wiederum vermag dem Fisch eine Basis zu geben. Er kann dem Fisch bei der Verwaltung seiner Finanzen eine überaus wertvolle Hilfe sein. Wenn sie auf ihren Verstand hören, haben die beiden gute Karten.

Fische und Löwe

Zu viel Zärtlichkeit erzeugt beim Löwen Panik. Er versteht den Fisch zwar nicht, kann ihn jedoch beschützen und ihm seine Angst nehmen. Der Fisch hingegen zeigt dem dynamischen Löwen, dass sich die meisten Türen besser mit Gefühl als mit Gewalt öffnen lassen. Der Fisch geht Streit aus dem Weg. Das findet der Löwe unfair.

Fische und Jungfrau

Die Jungfrau kann durch den Fisch einiges über Gefühle erfahren. Sie gibt dem Fisch dagegen etwas Struktur und zeigt ihm den Weg, wenn er sich verschwommen hat. Allerdings muss sie ihr Sicherheitsbedürfnis aufgeben, denn eine dauerhafte Garantie gibt es für den Fisch nicht. Wenn dieser die Pedanterie der Jungfrau erträgt, können sie lange Zeit glücklich sein.

FISCHE BRAUCHEN ÜBERDURCHSCHNITTLICH VIEL STREICHELEINHEITEN

Fische und Waage

Der Fisch ist der ideale Zuhörer, er kann andächtig lauschen und dabei die Waage hingebungsvoll bewundern. Er kann sich in die Seele der Waage einfühlen und im Gegensatz zur Waage seine Gefühle offenbaren. Das kann sie vom Fisch lernen. Die Waage ist der ruhende Pol in der Beziehung.

Fische und Skorpion

Der Fisch hat keine Schwierigkeiten, sich unterzuordnen, das kommt der dominanten Art des Skorpions sehr entgegen. Und er kann mit seiner Intuition dessen Wünsche erraten, ohne dass der Skorpion sie auszusprechen braucht. Der Skorpion tröstet den sensiblen Fisch, wenn dieser ein Tief durchlebt und gibt ihm Unterstützung, wann immer er sie braucht. Solange der Skorpion in der Beziehung die Hosen anhat, ein nahezu perfektes Paar!

Fische und Schütze

Der friedliebende Fisch kann dem Schützen von seinen gefühlvollen Träumen erzählen, damit sie dieser auf der geistigen Ebene weiterspinnen kann. Der Schütze wird den Fisch, wenn er sich mal wieder verschwommen hat, schnell auf den rechten Weg und somit zu sich zurückbringen. Der Fisch kann mit dem Schützen ein aufregendes und abwechslungsreiches Leben führen.

DER FISCH FÜHLT SICH OFT UNVERSTANDEN

Fische und Steinbock

Der Fisch kann sich am Steinbock anlehnen und sich an seinem breiten und stabilen Rückgrat festhalten. Da der Steinbock äußerst gutmütig ist, lässt er den Fisch in Frieden träumen. Der Fisch kann es vielleicht schaffen, die versteckten Gefühle des Steinbocks an die Oberfläche zu bringen.

Fische und Wassermann

Der Fisch kann dem Wassermann etwas von seiner tiefen Gefühlswelt zeigen. Doch sollte er nicht erwarten, dass der Wassermann ihn tröstend in den Arm nimmt, wenn er ein seelisches Tief hat. Dafür steht ihm der Wassermann stets mit Ratschlägen zur Seite, sodass der Fisch wieder nach vorne blicken kann. Beide sind sehr unkonventionell und gestehen sich gegenseitig viele Freiheiten zu.

Fische und Fische

Zwei Fische können miteinander träumen und in unberührte Phantasiegewässer entfliehen. Sie verstehen sich ohne viele Worte und erahnen instinktiv, was der andere braucht. Schwierig gestaltet sich lediglich die Austragung eines konstruktiven Streits. Aber im Grunde genommen könnten sie sich sowieso nicht richtig böse sein. Beide werden sicher eine gefühlvolle und herzliche Beziehung führen, in der die Hoffnung auf das Glück nie erlischt.

FISCHE WISSEN SELTEN, WAS SIE WOLLEN UND OB SIE WOLLEN ODER NICHT

Tipps für Fische-Partner

Das Zusammenleben mit einem Fisch ist eigentlich nicht besonders kompliziert, denn er bereichert jede Partnerschaft mit seinem großen Herzen und seinem ausgeprägten Wunsch nach Harmonie. Man sollte sich jedoch von seinen starken Stimmungsschwankungen nicht aus dem Konzept bringen lassen. Denn sie kommen aus der unergründlichen Tiefe der Fische-Seele und haben mit dem Partner gar nichts zu tun. Wenn man einmal festgestellt hat, dass der abends zu Tode betrübte Fisch am nächsten Morgen putzmunter und mit bester Laune aufwacht, kann man mit seinen seelischen Tiefs gleich viel besser umgehen. Der Fische-Partner sollte jedoch unbedingt über zwei Eigenschaften verfügen – er sollte geduldig sein und eine Atmosphäre der Geborgenheit schaffen können. Geduld, weil der Fisch dazu neigt, jede Entscheidung mehrmals abzuwägen; Geborgenheit, weil der Fisch nur in einer geschützten Atmosphäre Vertrauen entwickeln kann. Auch wenn man den Fisch an sich oder an der Welt leiden sieht, hat Mitleid in einer Beziehung mit ihm nichts verloren. Das heißt aber nicht, dass der Fisch – der ja selbst Weltmeister im Trösten ist – keinen Trost und keine zärtlichen Umarmungen brauchen würde. Im Gegenteil: Nur mit viel Verständnis und vielen, vielen Streicheleinheiten kann man den Fisch lange an sich binden. Seine Seele wird man aber nie ganz ergründen.

FISCHE VERTRAGEN DEN SCHNELLEN WECHSEL ZWISCHEN DEN HÖHEN UND TIEFEN NUR SEHR EINGESCHRÄNKT

Der kleine Fisch

Man sollte sich nichts vormachen, schon als Kleinkind nimmt Fisch Junior die Stimmungen innerhalb des Elternhauses wie ein Seismograph wahr und spiegelt diese in seinem eigenen Verhalten wider. Kann es in einem harmonischen Umfeld aufwachsen, ist das kleine Fischlein das brävste und niedlichste Kind, das man sich nur vorstellen kann. Deshalb und wegen seiner sanften Art fällt es den Eltern des kleinen Fisches auch so schwer, ihn nicht nach Strich und Faden zu verwöhnen. Seine Phantasie ist in der Kindheit in Höchstform und Fische-Junior lässt keine Gelegenheit aus, sich mit Hilfe von Apfelzeptern, Blütenkronen und bunt schillernden Klamotten aus dem Dachboden in einen kleinen Prinzen oder eine kleine Prinzessin zu verwandeln. Für Gruppenspiele und Kinderfeste ist der kleine Fisch eine enorme Bereicherung, denn während andere Kinder sich so richtig mit Lust und Laune auf die Köpfe hauen und sich um jedes Nutella-Brot schlagen, teilt der kleine Fisch seine Schokoriegel und bietet den Verwundeten Heftpflaster an. Früh übt sich eben, wer ein wahrer Samariter werden will. Probleme gibt es nur, wenn der kleine Fisch den Grobheiten des Kinderlebens zu sehr ausgesetzt wird. Dann zieht er sich die ganzen Sommerferien in sein Zimmerchen zurück und träumt lieber von seinem Schloss, statt sich mit dem raufenden „Pöbel" abzugeben.

DER FISCH LIEFERT SICH MIT SEINER EMPFIND-
LICHEN SEELE NAHEZU SCHUTZLOS DER WELT AUS

Der Fisch zu Hause

Der Fisch ist mit seinem Heim fest verwurzelt. Selbst wenn ihm nur geringe finanzielle Mittel zur Verfügung stehen, versucht er sich individuell und sehr geschmackvoll einzurichten. Modischer Schnickschnack oder Dinge, die nur dem Zeitgeist unterliegen, interessieren ihn dabei weniger, er muss schließlich nicht für andere repräsentieren, sondern will es sich gemütlich machen. Die Geborgenheit, die er braucht, schafft er sich mit kleinen Dingen, mit denen er persönliche Erinnerungen verbindet. Auf Außenstehende wirkt diese Gemütlichkeit manchmal etwas chaotisch. Der Fisch ist kein Heimwerker, der pausenlos über die Verbesserungen im eigenen Haus nachgrübelt. Er will im Prinzip nur eins, die Ruhe und Harmonie in seinen vier Wänden genießen. Lässt man ihn aber tatsächlich in Ruhe, wartet er sehnsüchtig, dass man auf ihn zugeht. Wenn das Warten zu lange dauert, kann der Fisch sehr übellaunig werden. Wenn er Einladungen gibt, kann man sich leider nie allzu sicher sein, dass er an diesem Abend auch wirklich guter Stimmung ist. Aber er meint das nie böse, er kann nur einfach schlecht aus seiner Haut. Ist er dagegen in Hochstimmung, kann man mit ihm einen sehr schönen Abend verleben. Der Fisch ist ein ausgesprochener Genießer und freut sich, wenn seine Gäste die kulinarischen Freuden mit ihm teilen.

FÜR DEN FISCH IST ES EINE GROSSE ERLEICHTERUNG, WENN IHM ANDERE SAGEN, WAS ER TUN SOLL

Der Fisch im Beruf

Wer einen Fisch als Teamkollegen hat, kann sich glücklich schätzen. Der Fisch schätzt eine Atmosphäre harmonischer Zusammenarbeit, in der alle am selben Strang ziehen. Seine individuellen Interessen sind ihm im Vergleich dazu unwichtig. Es gibt nicht viele Fische, die großes Interesse an der eigenen Karriere haben. Lieber ist ihnen ein Arbeitsplatz, der ihr Leistungsvermögen und ihre Verantwortungsbereitschaft nicht im Übermaß auf die Probe stellt, selbst wenn sie dabei im Schatten eines anderen stehen müssen. Ihre Arbeit und die damit verbundenen Aufgaben erledigen sie stets zur „allervollsten Zufriedenheit“ – darauf kann sich ihr Chef in jedem Fall verlassen. Man sollte sich nur hüten, sie ungerecht zu behandeln oder gar unberechtigt zu kritisieren, denn da können Fische sehr renitent und unangenehm werden. Ist der Fisch selbst Chef, verhält er sich verständnisvoll und ist relativ ausgeglichen, wenn auch leicht chaotisch. Er hat bisweilen Probleme, unbequeme Maßnahmen durchzusetzen und als ausgesprochenem Menschenfreund fällt es ihm schwer, anderen mit der notwendigen Härte die Meinung zu sagen. In sozialen oder künstlerischen Berufen ist der Fisch am besten aufgehoben. Wenn es ihm nämlich möglich ist, seine Intuition oder seine Phantasie auch in der Arbeit einzubringen, wird der Fisch zum beruflichen Überflieger – und zwar ganz ohne Ellenbogen.

DER FISCH KANN ÜBERALL NACH INNEN REISEN, UNTERTAUCHEN IN SEINE ROMANTISCHE SEELENWELT

Der Fisch und seine Freunde

Der Fisch ist ein durch und durch sozial eingestellter Mensch. Mehr als jeder andere weiß er um die Nöte seiner Mitmenschen und ist sofort zur Stelle, wenn man ihn braucht. Aber man muss ihn rufen, denn er ergreift nicht so gern selbst die Initiative. Der Fisch braucht in Zeiten, in denen es ihm schlecht geht, viel Zuneigung und Trost. Seine Freunde wissen, dass der Fisch Stimmungsschwankungen hat: Phasen, in denen er sich zurückziehen muss und Zeiten, in denen er mit anderen lachen, tanzen, jubeln kann. Diese Höhen und Tiefen gehören einfach zum Fisch und wenn man sich als Freund klarmacht, dass seine schlechte Laune nie persönlich gegen einen gerichtet ist, kann man diese Stimmungsschwankungen durchaus akzeptieren. Manchmal versäumt er unabsichtlich eine Verabredung, wahrscheinlich weil er so in seiner Traumwelt gefangen ist, dass er die Wochentage verwechselt. Einem Fische-Freund kann man fast alles verzeihen, denn er kann es ja schließlich auch. Seine Freundschaften nimmt er sehr ernst. Er würde sich nie über seine Freunde lustig oder sie vor anderen schlecht machen. Er hat eine einzigartige Begabung zuzuhören und Trost zu spenden, falls einer seiner Freunde Hilfe braucht. Er zeigt eben Mitgefühl und das nicht nur in der Trauer, sondern auch in der Freude. Wenn seine Freunde glücklich sind, ist er es auch.

DIE GASTFREUNDSCHAFT DES FISCHES IST SPRICHWÖRTLICH

Der reife Fisch

Die Lebensaufgabe des Fisches ist es, selbstständig zu werden und der Realität im richtigen Moment ins Auge zu blicken. Mit zunehmendem Alter lernt der Fisch, das Alleinsein nicht als Bedrohung, sondern als Chance zu begreifen und er sieht letztendlich sogar ein, dass Auseinandersetzung und Konflikt ebenso zum Leben gehören, wie die Luft zum Atmen. Auf der Suche nach einem stabilen Selbst macht er einiges an Erfahrungen auf seinem Lebensweg. Da er in der Jugend und auch im frühen Erwachsenenalter relativ leicht beeinflussbar und verführbar ist, neigt er dazu, alles auszuprobieren und dann auch zu übertreiben. Im Alter begradigt der Fisch seinen Zickzackkurs und gerät immer seltener in schwierige Situationen, die ihn unglücklich machen. Dann hat er schließlich begriffen, dass der leidende nicht unbedingt automatisch der bessere Mensch ist. So kann er der reife Fisch werden, der mit seiner Freundlichkeit und seinem Einfühlungsvermögen der Menschheit unschätzbare Dienste erweist.

FISCHE STEHEN IM RUF, LEICHT VERFÜHRBAR ZU SEIN

Die häufigsten Fische-Zitate

- Ich kann jetzt nicht mit dir streiten, ich muss dringend weg! Sei doch so gut, Schatz, und streite mit dir alleine weiter!
- Haben Sie eine ganz, ganz große Packung Tempotaschentücher? Liebeskummer? Ich? Nie im Leben! Vielleicht ein ganz kleines bisschen!
- Kann schon sein, dass ich auf dem Passfoto nicht zu erkennen bin, ich wollte mich aber auch nicht in den Vordergrund drängen!
- Welche Socken, welche Socken, welche Socken ...! Mist, jetzt komm ich wahrscheinlich wieder zu spät! Ach, ich zieh einfach beide Paare übereinander an!
- Hallo, ich bin die Sybille und sitze hier in diesem Selbsterfahrungskurs, weil ich von der Sucht nach Selbsterfahrungskursen loskommen will!
- Wein dich erst mal in meinen Armen aus, Dieter! Ach so, du bist beim Zwiebelschneiden!
- Ich verstehe genau, Liebling, was du damit meinst, wenn du sagst, dass du nicht verstanden werden willst!
- Muss ich unbedingt gleich lernen, „nein“ zu sagen? Können wir nicht mit „na ja“ anfangen?
- Moment noch! Ich bin gleich so weit! Nur noch ein paar Minuten! Ich komm ja schon! Wir sind spät dran, oder?

FISCHE SIND VON FREUNDLICHER MILDE, MANCHMAL ALLERDINGS DIPLOMATISCH SCHLAU

Fazit

Was wäre die Welt ohne die Träume und Sehnsüchte der Fische? Grau und leer wäre sie, denn gerade die Träume sind es doch, die uns auf neue Horizonte aufmerksam machen und uns zeigen, wie viel Gutes in unserem Innersten verborgen ist. Mit seinem siebten Sinn ahnt der Fisch mehr, als er belegen kann, er schwimmt in einem Meer, das mit unentdeckten Kostbarkeiten gefüllt ist. Er ist weich und empfindsam und das macht ihn empfänglich für feinste Schwingungen, die „Nicht-Fische" überhaupt nicht mehr wahrnehmen können. Der Fisch zeigt den Menschen täglich, dass es eine Welt unter der Oberfläche gibt und vor allem, dass das Zusammenleben mit etwas mehr Harmonie wesentlich angenehmer ist. Gut, dass es die Fische gibt, wir brauchen sie dringend!

FISCHE TRÄUMEN LIEBER, ALS NUR STUR IHRE PFLICHT ZU ERFÜLLEN

Vita

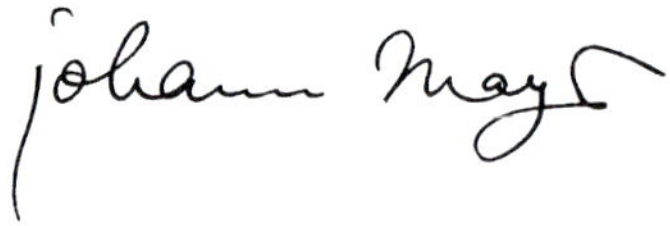

geboren in München, neunzehnhundertsechsundfünfzig, aufgewachsen im Künstler-Schwabing (sagt gar nichts), Volksschule und Gymnasium, dieses nur durch kritzeln während des Unterrichts überlebt, arbeitet am Theater, als Kulissenschieber, jobbt als Ausfahrer, als Gärtner, studiert Landespflege, Diplomingenieur, verfasst ein Handbuch, wie die Welt zu retten sei, unveröffentlicht, Graswurzelrevolution, kämpft gegen Atomkraftwerke, Großflughäfen und Raketen, fährt Fahrrad, baut eine Gärtnerkommune mit auf, wohnt in (neun) Wohngemeinschaften, wird Mönch (fast), arbeitet als Biotopmanager (um die Welt zu retten), wird Stadtplaner, arbeitet als solcher jahrelang (um die Welt zu retten), heiratet, kriegt Kinder (um die Welt zu retten), sieht ein, dass die Welt nicht so einfach zu retten ist, sieht sich kritisch um, überlegt ein wenig, und hat genügend Stoff zum Zeichnen, zeichnet, rechts-, links- und freihändig, Aquarelle, Grafik, freie Arbeiten, Cartoons, veröffentlicht Cartoons zuerst in einigen, dann in mehreren Zeitschriften, einige Cartoonbände, Serie Fabelhaftes Bayern im Bayerischen Fernsehen, Kunst, zwölf Einzelausstellungen, eine Wanderausstellung, plant weitere solche in New York, Tokio und Regensburg.

DER FISCH IST STÄNDIG GEFÄHRDET, WEIL ER IMMER AUF DER SUCHE NACH SICH SELBST IST

WAS FISCHE WIRKLICH DENKEN ODER TUN, BRAUCHEN ANDERE NICHT ZU WISSEN

DER FISCH ZIEHT ES VOR, KONFLIKTEN AUS DEM WEG ZU GEHEN